DEUTSCHE AKADEMIE DER WISSENSCHAFTEN ZU BERLIN
VORTRÄGE UND SCHRIFTEN
HEFT 69

FRITZ BEHRENS

„ÖKONOMIE DER ZEIT, DARIN LÖST SICH SCHLIESSLICH ALLE ÖKONOMIE AUF“

Bemerkungen zur Messung des Nutzeffektes der gesellschaftlichen Arbeit

AKADEMIE-VERLAG · BERLIN
1960

Karl-Marx-Vorlesung gehalten von Hrn. BEHRENS
im Plenum der Deutschen Akademie der Wissenschaften
zu Berlin am 12. 5. 1960

Erschienen im Akademie-Verlag GmbH, Berlin W 8, Leipziger Straße 3-4
Lizenz-Nr. 202 · 100/207/60
Gesamtherstellung: IV/2/14 · VEB Werkdruck Gräfenhainichen · 1463
Bestellnummer 2003/69
Preis DM 1,50
Printed in Germany
ES 5 B 2

Herr Präsident!

Meine Damen und Herren

Ich habe als Überschrift zur diesjährigen Karl-Marx-Vorlesung ein Zitat aus den „Grundrissen der politischen Ökonomie" von KARL MARX gewählt[1], habe aber, um der Auffassung vorzubeugen, es ginge mir nur um Kommentar und Interpretation dieses Zitates, einen Untertitel hinzugefügt. Man könnte nun meinen, daß ein Vortrag über „Messung des Nutzeffektes" – auch wenn es sich um den Nutzeffekt der gesellschaftlichen Arbeit handelt – nicht des Karl-Marx-Tages der Deutschen Akademie der Wissenschaften würdig sei! In der Tat: obwohl zwar allgemein anerkannt wird, daß die ständige Steigerung der Arbeitsproduktivität eine Grundaufgabe des Aufbaus des Sozialismus ist[2], werden die mit der Messung des Nutzeffektes der Arbeit zusammenhängenden Fragen keineswegs als eine Grundfrage behandelt. Aber ob eine Grundfrage oder nicht – die Messung des Nutzeffektes der gesellschaftlichen Arbeit ist eine ungemein aktuelle Frage der schnellen und planmäßigen Entwicklung unserer Volkswirtschaft. Sie ist eine ungemein aktuelle Frage der schnellen und planmäßigen Entwicklung einer sozialistischen Volkswirtschaft überhaupt, und sie hängt außerdem eng mit der ebenfalls sehr aktuellen Frage nach der Möglichkeit der Quantifizierbarkeit ökonomischer Kategorien zusammen. Die Frage nach der Quantifizierbarkeit ökonomischer Kategorien ist natürlich nicht neu, aber sie wurde dadurch in den Vordergrund des Interesses der politischen Ökonomen gerückt, daß die Aufgabe des Einholens und Überholens der wichtigsten kapitalistischen Länder durch die Länder des Sozialismus als unmittelbare Aufgabe gestellt wurde.[3]

Aber damit bin ich schon mitten im Thema! Allein die Lösung unserer ökonomischen Hauptaufgabe, die Volkswirtschaft der Deutschen Demokratischen Republik innerhalb weniger Jahre so zu entwickeln, „daß die Überlegenheit der sozialistischen Gesellschaftsordnung gegenüber der kapitalistischen Herrschaft umfassend bewiesen wird“[4], erfordert schon, daß der Nutzeffekt unserer Arbeit ständig gemessen und verglichen wird, denn man kann keinen Wettbewerb führen, ohne zu wissen, wo man steht und wohin man geht. Wenn sich das schon allgemein aus dem Wesen der sozialistischen Wirtschaft ergibt, deren Entwicklung vom Staate geplant und durch die bewußte Durchsetzung der ökonomischen Gesetze verwirklicht wird, so gilt das für die Wirtschaft der Deutschen Demokratischen Republik in besonders hohem Maße, weil wir durch die Lösung unserer ökonomischen Hauptaufgabe nicht nur eines der stärksten und am besten ausgerüsteten kapitalistischen Länder überholen wollen, sondern bei der Lösung dieser Aufgabe nicht mit einem zusätzlichen Einsatz an Arbeitskräften, wie andere sozialistische Länder, rechnen können. Das Gegenteil ist der Fall: wir müssen nicht nur den gesamten geplanten Produktionszuwachs durch die Erhöhung unserer Arbeitsproduktivität aufbringen[5], sondern unsere Produktion kann nicht einmal im Umfange der Entwicklung der Arbeitsproduktivität anwachsen. Das folgt nicht nur aus der Abnahme der absoluten Zahl der Arbeitskräfte in den nächsten Jahren als Wirkung zweier imperialistischer Weltkriege, sondern auch aus der wegen der gleichen Ursache äußerst ungünstigen altersmäßigen Zusammensetzung unserer Bevölkerung. Von 1959 bis 1965 dürfte die Zahl der Personen im arbeitsfähigen Alter bei uns um rund 700000 zurückgehen. Dazu kommt, daß 1939 auf je 100 Personen im arbeitsfähigen Alter ca. 16 Rentner und 32 Kinder, d. h. rd. 48 Personen im nicht-arbeitsfähigen Alter entfielen, daß es 1955 rd. 58 waren und 1965 rd. 75 sein werden.[6] Das bedeutet, daß 1939 auf zwei Arbeitsfähige eine nicht-arbeitsfähige Person entfiel, daß aber 1965 auf zwei arbeitsfähige 1,5 nicht-arbeitsfähige Personen entfallen werden. Diese Entwicklung macht uns klar, was von der erfolgreichen Steigerung der Arbeitsproduktivität abhängt, wenn wir im Verlaufe unseres Siebenjahrplanes eine Erhöhung des Realeinkommens um 60 bis 65%, eine Erhöhung der Renten um 50 bis 55% sowie eine weitere Verkürzung der Arbeitszeit der Arbeiter und Angestellten verwirklichen wollen. Deshalb forderte

Erich Apel, der Sprecher der SED-Fraktion, von der Volkskammer am 9. 12. 1959 bei der Begründung des Haushaltsplanes für 1960, daß die „politische Arbeit für den Sieg des Sozialismus in der Deutschen Demokratischen Republik auf die Erreichung konkreter Ergebnisse konzentriert" werden muß, indem exakt festgelegt wird, „welche Produktion in welcher Menge und Qualität, zu welchen Terminen erzeugt wird, und welches ökonomische Ergebnis dabei herauskommen soll. Wir müssen ständig rechnen, messen und vergleichen."[7] Wenn – wie Erich Apel weiter sagte – viele Wirtschaftsfunktionäre sich noch „mit allgemeinen Durchschnittskennziffern, mit allgemeinen Einschätzungen und mit der globalen Betrachtung summierter Ergebnisse der Betriebe abfinden", und dadurch „die mangelhafte Tätigkeit einzelner durch gute Leistung anderer" verdecken[8], so wird eine solche Praxis zweifellos durch die gegenwärtigen Methoden zur Messung des Nutzeffektes unserer gesellschaftlichen Arbeit erleichtert. Es handelt sich somit bei unserem Thema keineswegs um ein rein theoretisches, sondern um ein politisch und ökonomisch höchst aktuelles Thema, um das Problem der Ökonomie der Zeit, von der Marx in dem Zusammenhang sagte, dem ich das als Überschrift zu meinem Vortrag gewählte Zitat entnahm, daß sie auf der „Grundlage der gemeinschaftlichen Produktion" nicht nur „erstes ökonomisches Gesetz" bleibe, sondern „sogar in viel höherem Grade Gesetz" werde.[9]

Ich kann im Rahmen meines Vortrages nicht auf alle Fragen eingehen, die sich aus diesem Thema ergeben und will zum *Begriff der gesellschaftlichen Arbeit* selbst nur sagen, daß sie einmal als *produktive Arbeit* und als *unproduktive Arbeit* erscheint, wovon die eine – die produktive Arbeit – ausschließlich in der Basis und die andere – – die unproduktive Arbeit – ganz überwiegend im Überbau der Gesellschaft geleistet wird. Ich muß auch die für uns höchst wichtige Tatsache hier außer Betracht lassen, daß die wissenschaftliche Arbeit im Rahmen des produktiven Gesamtarbeiters der sozialistischen Betriebe – als Teil desselben – immer mehr an Bedeutung gewinnt und werde nur vom *Nutzeffekt der produktiven Arbeit* sprechen[10], den wir als Arbeitsproduktivität bezeichnen.[11]

Der Nutzeffekt der produktiven Arbeit hat *zwei Aspekte,* die wir ganz allgemein als Produktionseffekt und als Verteilungseffekt bezeichnen können. Ich werde mich nur mit dem Produktionseffekt befassen, d. h. mit der Frage der Maximierung der Produktion und nicht mit der Frage der Qualität der Produktion und ihrer bedarfsgerechten Struktur. Auf die hieraus sich ergebenden Probleme werde ich – ebenso wie auf die Probleme, die sich daraus ergeben, daß auch die unproduktive Arbeit gesellschaftlich nützliche Arbeit ist – zum Schluß meines Vortrages nur hinweisen.

Die gesellschaftliche Arbeit erscheint aber nicht nur als produktive und unproduktive, also lebendige Arbeit, sondern auch als vergegenständlichte Arbeit in der Form der Produktionsmittel – Arbeitsgegenstände und Arbeitsmittel. Daher genügt es nicht, um den Nutzeffekt der gesellschaftlichen Arbeit zu messen, nur den Nutzeffekt der lebendigen Arbeit zu erfassen, sondern man muß auch die Entwicklung des Wertes bzw. an seiner Statt die Entwicklung der Selbstkosten berücksichtigen. Mit anderen Worten: auch der Nutzeffekt der gesellschaftlichen Arbeit hat *zwei Aspekte*: die Entwicklung der Arbeitsproduktivität und die Entwicklung des Wertes bzw. der Selbstkosten und mit diesen beiden Aspekten will ich mich näher befassen. Ich werde zwei Fragen behandeln: *erstens* die Frage, worin der Nutzeffekt der gesellschaftlichen Arbeit, soweit es sich um das maximale Wachstum der Produktion handelt, konkret zum Ausdruck kommt und *zweitens*, wie dieser Nutzeffekt am besten gemessen werden kann.

Ich wende mich der *ersten* Frage zu!

Wenn vom Nutzeffekt der gesellschaftlichen Arbeit gesprochen wird, so wird darunter in der Regel nur der Nutzeffekt der produktiven, d. h. der lebendigen Arbeit, die Arbeitsproduktivität verstanden. Man läßt also nicht nur außer Acht, daß auch die unproduktive Arbeit unter sozialistischen Bedingungen gesellschaftlich-nützliche Arbeit ist, sondern auch, daß die produktive Arbeit als lebendige Arbeit nur mit vergegenständlichter Arbeit kombiniert fungieren kann. Um den Nutzeffekt der gesellschaftlichen Arbeit zu erfassen, genügt es aber nicht, nur die Arbeitsproduktivität zu messen, sondern man muß auch den Nutzeffekt der in der Produktion mitwirkenden und in ihr verbrauchten Produktionsmittel berücksichtigen. Jedoch darf man aus der Tatsache, daß in der Produktion nicht nur die lebendige, sondern auch vergegenständlichte Arbeit erscheint, nicht die Schlußfolgerung ziehen, daß die bislang bei uns übliche Kennziffer der Arbeitsproduktivität, die die Bruttoproduktion, ausgedrückt in unveränderlichen Preisen, auf die lebendige Arbeit bezieht, zu einer Kennziffer der gesamten gesellschaftlichen Arbeit in der Art erweitert werden muß, daß die Bruttoproduktion auf die lebendige *und* vergegenständlichte Arbeit bezogen wird. Eine solche Schlußfolgerung ist nicht nur theoretisch falsch, weil die Produktionsmittel natürlich nicht selbst produktive Arbeit, sondern nur Hilfsmittel für sie sind und zweitens unpraktisch, weil es nicht möglich ist, den Verbrauch an Produktionsmitteln wie die lebendige Arbeit in Natural- bzw. Zeitform zu erfassen. Aus der Tatsache, daß neben der lebendigen Arbeit in der Produktion die vergegenständlichte Arbeit auftritt, folgt vielmehr nur, daß neben der Kennziffer für die Arbeitsproduktivität eine Kennziffer für den Wert bzw. für die Selbstkosten treten muß und daß beide Kennziffern zusammen erst Aufschluß über den Nutzeffekt der gesellschaftlichen Arbeit zu geben vermögen.

Der Nutzeffekt der gesellschaftlichen Arbeit kommt also *doppelt* zum Ausdruck: *einmal* in der Menge der je Zeiteinheit der lebendigen Arbeit produzierten Gebrauchswerte und das *andere Mal* in der in der Produktion verbrauchten lebendigen und vergegenständlichten Arbeit je Gebrauchswert. Infolge des Doppelcharakters der Arbeit – als konkrete und abstrakte Arbeit zugleich – produziert die lebendige Arbeit nicht nur neue Gebrauchswerte, sondern bildet auch den Wert, wobei sie den Wert der verbrauchten Produktionsmittel überträgt. Indem sie in ihrer konkreten Form den Wert der in der Produktion verbrauchten Produktionsmittel auf das neue Produkt überträgt, bildet sie in ihrer abstrakten Form das Wertprodukt, so daß der Wert jedes Produkts gleich der in ihrer Produktion verbrauchten vergegenständlichten und der neu vergegenständlichten lebendigen Arbeit ist. Wir können somit eine Veränderung des Nutzeffektes der gesellschaftlichen Arbeit einmal als Veränderung der Arbeitsproduktivität erfassen:

$$Ap' = \frac{Ap_n}{Ap_0} = \frac{M_n}{M_0} : \frac{T_n}{T_0}$$

und das andere Mal als Veränderung des Wertes je Produkt

$$w' = \frac{w_n}{w_0} = \frac{W_n}{W_0} : \frac{M_n}{M_0}$$

(M und W = Menge und Wertsumme, T = Arbeitsaufwand, w = Wert je Produkt, Ap' und w' = Indizes, n und o = Berichts- und Basisperiode).

Um Mißverständnissen vorzubeugen: die aus dem Doppelcharakter der Arbeit zwingend sich ergebende Schlußfolgerung, daß der Nutzeffekt der gesellschaftlichen Arbeit sowohl als Arbeitsproduktivität als auch als Wert je Produkt erscheint, steht nicht im Widerspruch zu der unbestrittenen Tatsache, daß die Arbeitsproduktivität nicht an der Wertgröße gemessen werden kann, die in einer bestimmten Zeit produziert wird. Der Nutzeffekt der gesellschaftlichen Arbeit wird vielmehr einmal ausgedrückt als stoffliches Produkt je Zeiteinheit der lebendigen Arbeit, das andere Mal als wertmäßiges Produkt je Gebrauchswert. Ich will in diesem Zusammenhang nicht auf die allgemein bekannten Ausführungen von Marx über die Entwicklung von Wertgröße je Zeiteinheit und Wert je Produkt näher eingehen,[12] sondern nur noch einmal auf die Tatsache hinweisen, daß der Wert je Produkt nicht umgekehrt proportional sinkt, wie die Arbeitsproduktivität steigt, sondern langsamer, weil die verbrauchte vergegenständlichte Arbeit mit steigender Arbeitsproduktivität anteilmäßig wächst. MARX bezeichnete es geradezu als ein „absolutes Gesetz", daß das Gesamtquantum der in einem Gebrauchswert vergegenständlichten Arbeit sich vermindert, wenn die Produktivität der Arbeit sich erhöht, wobei die Zunahme des Anteils der vergegenständlichten Arbeit durch die Abnahme des Anteils der lebendigen Arbeit mehr als aufgewogen werden muß.[13] Die Tatsache, daß bei der Steigerung der Arbeitsproduktivität die vergegenständlichte Arbeit im Verhältnis zur lebendigen Arbeit wachsen muß, bezeichnete Marx einmal als „tautologischen Satz", denn, „was heißt wachsende Produktivkraft der Arbeit anders, als das weniger unmittelbare Arbeit erheischt ist, um ein größeres Produkt zu schaffen und daß also der gesellschaftliche Reichtum sich mehr und mehr ausdrückt in den von der Arbeit selbst geschaffenen Bedingungen der Arbeit – –."[14] Das gilt m. E. grundsätzlich auch unter den Bedingungen der sozialistischen Produktion, aber es wird notwendig sein, durch empirische Untersuchungen in unseren Betrieben zu ermitteln, in welchem Grade das Sinken des Wertes bei der Automatisierung der Produktion von der Steigerung der Arbeitsproduktivität konkret abweicht. Jedoch wird man annehmen dürfen, daß auch unter diesen Bedingungen die Steigerung der Arbeitsproduktivität größer ist als die dadurch bewirkte Senkung des Wertes je Produkt, weil auch weiter mit sinkendem Wert je Produkt der Wertanteil der verbrauchten Produktionsmittel relativ zunimmt. Das wird auch durch Untersuchungen sowjetischer Ökonomen bestätigt, die sowjetische und amerikanische Erfahrungen bei der Automatisierung der Produktion verallgemeinern.[15]

Ich fasse bis hierher zusammen:

In der Erkenntnis, daß der Nutzeffekt der gesellschaftlichen Arbeit einerseits in der Veränderung der Arbeitsproduktivität, andererseits in der Veränderung des Wertes je Produkt zum Ausdruck kommt, haben wir die *Antwort auf die erste Frage*, die ich stellte: *solange Warenproduktion herrscht und die Arbeit daher Doppelcharakter als konkrete und abstrakte Arbeit hat, muß neben der Arbeitsproduktivität als Nutzeffekt der lebendigen Arbeit der Wert je Produkt als Nutzeffekt der gesamten gesellschaftlichen Arbeit gemessen werden.* Marx spricht von einem „allgemeinen ökonomischen Gesetz", das dazu führt, daß „die Produktionskosten beständig fallen, die lebendige Arbeit beständig produktiver wird."[16] In unserer Praxis wird dieses allgemeine ökonomische Gesetz entsprechend den Bedingungen der sozialistischen Produktion ausgenutzt. Das kommt in der Feststellung im Gesetz über unserem Siebenjahrplan zum Ausdruck, daß seine Hauptaufgabe darin bestehe, „durch die schnelle Erreichung des wissenschaftlichtechnischen Höchststandes die Arbeitsproduktivität und die Produktion in allen Zweigen der Volkswirtschaft bei ständiger Senkung der Kosten maximal zu erhöhen – –."[17] Im Sozialismus wird das von MARX formulierte *allgemeine* Gesetz der steigenden Arbeitsproduktivität zu einem *spezifisch* sozialistischen ökonomischen Gesetz des stetigen planmäßigen und schnellen Wachstums der Arbeitsproduktivität[18], aber auch des ebenso stetigen Sinkens des Wertes je Produkt. Der höchste Nutzeffekt der gesellschaftlichen Arbeit ist daher – so können wir schlußfolgern – ganz allgemein, wenn auch noch nicht ausreichend, dadurch charakterisiert, daß ein optimales Verhältnis zwischen der Steigerung der Arbeitsproduktivität und der Senkung des Wertes je Produkt erzielt wird.

Damit komme ich zu meiner *zweiten* Frage!

Da der Wert nicht als solcher erscheint, ergibt sich, daß an Stelle des Wertes die Selbstkosten als Hauptbestandteil des Wertes gemessen werden müssen. Im Gegensatz zum Wert, der gleich der insgesamt verausgabten gesellschaftlichen Arbeit ist, stellen die Selbstkosten nur einen Teil dieser Arbeit dar. Sie umfassen nicht den Teil, der von der Gesellschaft als Reineinkommen angeeignet und verausgabt wird, um die Produktion zu erweitern, die Landesverteidigung zu organisieren, die Volksbildung und den Gesundheitsschutz zu verbessern sowie um gesellschaftliche Bedürfnisse zu befriedigen. Das ändert jedoch nichts daran, daß, wenn die Arbeitsproduktivität steigt und der Wert je Produkt sinkt, dann auch die Selbstkosten je Produkt sinken. Wenn der Wert je Produkt nicht direkt umgekehrt proportional zur steigenden Arbeitsproduktivität sinkt, dann müssen aber auch die Selbstkosten langsamer sinken als die Arbeitsproduktivität steigt. Sinken die Selbstkosten mit steigender Arbeitsproduktivität nicht oder ungenügend, so muß untersucht werden, wodurch die Einsparung an gesellschaftlicher Arbeit kompensiert oder verlangsamt wird. Kein wie auch immer berechneter Index der Arbeitsproduktivität reicht somit aus, um den Nutzeffekt der gesellschaftlichen Arbeit zu charakterisieren. Eine Steigerung der Arbeitsproduktivität ist nur dann real, wenn der Wert, also auch die Selbstkosten je Produkt sinken. Die Messung der Arbeitsproduktivität als Messung des Nutzeffektes der konkreten Arbeit muß also ergänzt werden durch die Messung der Selbstkosten als Statistik des geldmäßigen Ausdrucks des Verbrauchs der wichtigsten Elemente der abstrakten Arbeit: der Kosten für den Verbrauch von Produktionsmitteln und der Lohnkosten. Wenn man sagt, daß die Kennziffer der Arbeitsproduktivität immer nur Auskunft über die Einsparung an lebendiger Arbeit gibt, so ist das kein Nachteil einer solchen Kennziffer, sondern liegt in ihrem Wesen, weil die Arbeitsproduktivität eben nur den Nutzeffekt der lebendigen Arbeit charakterisiert. Ob eine Einsparung an lebendiger Arbeit durch Steigerung der Arbeitsproduktivität dadurch wieder kompensiert wird, daß mehr vergegenständlichte Arbeit verbraucht wird als an lebendiger Arbeit eingespart wurde, darüber kann uns nur eine Untersuchung der Entwicklung des Wertes bzw. der Selbstkosten Auskunft geben. Um aber eine solche Untersuchung durchführen zu können, müssen die Kennziffern der Arbeitsproduktivität und der Selbstkosten von gleicher Struktur sein, d. h. sich auf die gleiche Produktion – Bruttoproduktion – beziehen und nach gleicher Formel berechnet sein. Solche Kennziffern aber sind der Index des Aufwandes an lebendiger Arbeit

$$Aw' = \frac{1}{\dfrac{\sum q_n t_0}{\sum q_n t_n}} = \frac{\sum q_n t_n}{\sum q_n t_0}$$

und der Index der Selbstkosten

$$Sk' = \frac{\sum q_n sk_n}{\sum q_n sk_0}$$

(sk = Selbstkosten je Produkt

q und t = Menge und Arbeitsaufwand je Produkt,

Sk = Selbstkosten insgesamt,

sk = Selbstkosten je Produkt, Aw' und sk' = Indizes).

An dieser Stelle müßte ich eine Bemerkung über die zweckmäßigste Methode zur Messung der Arbeitsproduktivität einschalten.[19] Das verbietet mir leider die zur Verfügung stehende Zeit. Ich will daher hier nur bemerken, daß die zweckmäßigste Methode zur Messung der Arbeitsproduktivität die sogenannte Zeitsummenmethode ist und daß der von mir vorgeschlagene Index der Selbstkosten von gleicher Struktur wie der nach der Zeitsummenformel berechnete Index der Arbeitsproduktivität ist. So wie dieser Index die Veränderung der je Produktionseinheit aufgewandten lebendigen Arbeit unter Zugrundelegung des Produktionssortiments der Berichtsperiode mißt, so mißt der vorgeschlagene Selbstkostenindex die Veränderung der Selbstkosten je Produktionseinheit unter Zugrundelegung des Produktionssortiments der Berichtsperiode. Das ermöglicht einen exakten Vergleich der Senkung der Selbstkosten, die durch eine geplante Steigerung der Arbeitsproduktivität erreicht werden soll und kann. Es leuchtet ein, wie wichtig das dafür ist, daß wir exakt rechnen, messen und vergleichen. Die von mir vorgeschlagene Formel für einen Index der Selbstkosten hat aber noch einen weiteren Vorteil. Sie läßt sich *erstens* zerlegen in Teilindizes für die wichtigsten Kostengruppen

$$sk' = a\frac{\sum q_n\, pm_n}{\sum q_n\, pm_0} + b\frac{\sum q_n\, lk_n}{\sum q_n\, lk_0}$$

und sie läßt sich *zweitens* ohne den Umweg über die Selbstkosten je Produkt direkt aus den aus dem Rechnungswesen anfallenden Summen berechnen, wenn der Index der Arbeitsproduktivität nach der Zeitsummenformel vorliegt.[20]

$$\begin{aligned} sk' &= \frac{Sk_0}{Sk_0}\cdot\frac{T_0}{\sum q_n\, T_0} \\ &= a\frac{Pm_n}{Pm_0}\cdot\frac{T_0}{\sum q_n\, t_0} + b\,\frac{L_n}{L_0}\cdot\frac{T_0}{\sum q_n\, t_0} \\ &= a\cdot pm' + b\cdot lk' \end{aligned}$$

(Pm, L und Sk = Produktionsverbrauch und Lohnkosten insgesamt
pm, lk und sk = je Stück,
a und b = Anteil der Kostengruppen an den Selbstkosten in der Basisperiode).

Bevor ich einige Schlußfolgerungen aus meinen Ausführungen ziehe, will ich noch eine Bemerkung zu einem Einwand machen, der gegen die Messung der Selbstkosten an Stelle des Wertes gerichtet wird. Da die Selbstkosten nur einen Teil der neu vergegenständlichten lebendigen Arbeit, nämlich den Lohn, umfassen, so können sie, so wird gesagt, keinen Aufschluß über die Entwicklung des Reineinkommens geben. Dieser Einwand ist natürlich richtig. Aber abgesehen davon, daß die Selbstkosten rein quantitativ den Hauptbestandteil des Wertes ausmachen, ist es durchaus möglich, aus ihrer Entwicklung auch auf die des Reineinkommens und damit auch des Wertes zu schließen. Ich habe an anderer Stelle diesen Zusammenhang bereits näher untersucht[21] und will daher hier nur darauf hinweisen, daß die Aufteilung des Wertprodukts – Lohneinkommen plus Reineinkommen – von der Entwicklung des Durchschnittslohnes im Verhältnis zur Arbeitsproduktivität abhängt. Man kann somit aus der Entwicklung dieses Verhältnisses auch auf die Entwicklung des Reineinkommens und somit auf die Entwicklung des Wertes schließen.[22]

Ich fasse zusammen:

„Die höchstmögliche Steigerung der Arbeitsproduktivität, die schnelle Erhöhung der Produktion und die Herstellung der Erzeugnisse zu niedrigsten Selbstkosten und in bester Qualität – das sind die wichtigsten Ergebnisse, die wir mit der sozialistischen Rekonstruktion erreichen wollen", sagte Erich Apel in seinem Referat auf der 5. Tagung des ZK der SED.[23] Diese enge Verbindung zwischen Steigerung der Arbeitsproduktivität und Senkung der Selbstkosten wird bei uns noch nicht genügend beachtet, und es ist üblich, Planung und Kontrolle der Arbeitsproduktivität und der Selbstkosten getrennt voneinander vorzunehmen. Das ist *eine* der Ursachen für die globale und summenmäßige Betrachtung seitens vieler Wirtschaftsfunktionäre, auf die ich einleitend hingewiesen habe. Exakt rechnen, messen und vergleichen ist aber ebenso notwendig für die Planaufstellung wie für die Durchführung der Pläne und ihre laufende Kontrolle. Sozialistische Planung heißt straffe zentrale Leitung der Wirtschaft bei höchstmöglicher Aktivität der Werktätigen. Das läßt sich nur verwirklichen, wenn die beiden Kennziffern, die den Nutzeffekt der gesellschaftlichen Arbeit zum Ausdruck bringen, möglichst weit auf die kleinsten betrieblichen Einheiten aufgeschlüsselt werden können. Da durch die Einführung der Zeitsummenmethode zur Messung der Arbeitsproduktivität die Angaben für den Aufwand an lebendiger Arbeit je Produkt vorliegen, ist eine Messung des Nutzeffektes der lebendigen Arbeit auf dieser Grundlage bei gleichzeitiger Analyse der Entwicklung der wichtigsten Kostengruppen möglich. Das aber ermöglicht uns erst zu beurteilen, ob wir den höchsten Nutzeffekt der gesellschaftlichen Arbeit -- maximale Steigerung der Arbeitsproduktivität bei ständiger Senkung der Selbstkosten – erreichten. Dadurch wird den Werktätigen nicht nur der ökonomische Zusammenhang zwischen Steigerung der Arbeitsproduktivität und Senkung der Selbstkosten bewußt gemacht, sondern auch die Möglichkeit geschaffen, sie unmittelbar an der Erfüllung beider Kennziffern materiell zu interessieren.

Das ist natürlich von großer Bedeutung!

Aus dem von MARX entdeckten und in allen Produktionsweisen wirkenden Gesetz der Ökonomie der Zeit ergibt sich, daß die lebendige Arbeit immer produktiver wird und daß die gesellschaftlichen Produktionskosten, von denen die Selbstkosten den Hauptteil ausmachen, ständig fallen. Aus dem Gesetz der Ökonomie der Zeit können wir als Erfordernis seiner Verwirklichung und als ein Prinzip der Wirtschaftsleitung im Sozialismus das Prinzip ableiten, daß die jeweilige Kombination der lebendigen und der vergegenständlichten Arbeit so gewählt werden muß, daß sich ein optimales Verhältnis zwischen der Steigerung der Arbeitsproduktivität und der Senkung der Selbstkosten ergibt. Nicht jede Steigerung der Arbeitsproduktivität führt zu einem Minimum der Selbstkosten, ja – es gibt Grenzfälle, wo der Nutzeffekt der lebendigen Arbeit gesteigert wird, ohne daß die Selbstkosten sinken. Das wird gerade dann der Fall sein, wenn die Steigerung der Arbeitsproduktivität nur als eine technische, nicht aber als eine ökonomische Angelegenheit angesehen wird. Das Sparsamkeitsprinzip erfordert jedoch, daß jede Steigerung der Arbeitsproduktivität unter geringstmöglichem Aufwand an vergegenständlichter Arbeit durchgeführt wird. Die zwar technisch möglichen, aber ökonomisch ungünstigen Kombinationen, die die Selbstkosten unverändert lassen oder gar erhöhen, müssen ausgeschieden werden und aus den übrigen muß die optimale Kombination ausgewählt werden.

Ich kann auf die zahlreichen Einzelfragen, die sich hieraus ergeben, leider nicht eingehen. Es wäre eine lohnende und für die Lösung unserer ökonomischen Hauptaufgabe und die Erfüllung unseres Siebenjahrplanes nützliche Aufgabe, wenn sich Techniker und Ökonomen in sozialistischer Gemeinschaftsarbeit hiermit befaßten. Ich will stattdessen nur noch auf einige ungelöste theoretische Probleme hinweisen.

Um den Nutzeffekt der gesellschaftlichen Arbeit zu messen, genügt es nicht – darauf wies ich einleitend kurz hin – den Nutzeffekt der produktiven Arbeit zu messen! Zur Erreichung eines höchsten Nutzeffektes der gesellschaftlichen Arbeit gehört nicht nur, daß der Nutzeffekt der lebendigen Arbeit bei minimalstem Aufwand an vergegenständlichter Arbeit gesteigert wird, sondern dazu gehört auch eine entsprechende Qualität der Produkte und die bedarfsgerechte Struktur der Produktion.

Hier harren eine ganze Reihe von Problemen der Lösung!

Wir sind bei der Messung der Arbeitsproduktivität bisher nicht in der Lage, die Veränderung der Qualität der Produktion zu berücksichtigen. Es gibt wohl erste Versuche, durch Berücksichtigung der sogenannten Fehlzeiten die Verminderung der Produktivität durch Ausschußproduktion einzuschätzen, aber es gibt noch keine Methode, die Verbesserung oder auch Verschlechterung der Qualität der Produktion als Faktor der Arbeitsproduktivität zu erfassen. Dazu kommt, daß unsere Kennziffern der Arbeitsproduktivität und der Selbstkosten nur von den Gebrauchswerten ausgehen, wie sie die Produktionsbetriebe verlassen und nicht berücksichtigen, ob sie auch entsprechend den Bedürfnissen der Konsumenten hergestellt werden. Es leuchtet ein, daß das ein empfindlicher Mangel unserer Methoden zur Messung des Nutzeffektes der gesellschaftlichen Arbeit ist und daß Anstrengungen gemacht werden müssen, um diese Lücken zu schließen. Ich will nur darauf hinweisen, daß der technische Fortschritt zu einer Umschichtung der Produktion in Richtung der immer besseren Belieferung des sogenannten elastischen Bedarfs führt und daher ein starker Antrieb im Bereich der Produkt- und Sortimentsgestaltung oder besser Neugestaltung ist. Infolge der Erhöhung der Produktion durch steigende Arbeitsproduktivität bei gleichzeitiger Senkung der Selbstkosten wirken zwei Kräfte in entgegengesetzter Richtung auf Typenerweiterung und Typeneinschränkung. An Stelle der routinemäßigen Produktion zur Befriedigung des Bedarfs an relativ einheitlichen

Massengütern tritt mehr die Produktion komplizierter Produkte zur Befriedigung eines qualitativ unterschiedlichen und auch nicht gleichbleibenden Bedarfs.

Dazu kommt schließlich, daß auch die unproduktive Arbeit wichtige gesellschaftliche Bedürfnisse befriedigt.

Ohne den Unterschied zwischen produktiver und unproduktiver Arbeit zu verwischen, der auch im Sozialismus von großer ökonomischer Bedeutung bleibt, müssen wir beachten, daß die Steigerung der Arbeitsproduktivität und die Senkung der Selbstkosten kein Selbstzweck ist. In der Sphäre der materiellen Produktion ist die Steigerung der Arbeitsproduktivität die Hauptaufgabe für den Aufbau der neuen Gesellschaft. Aber die Befriedigung der materiellen Bedürfnisse der gesamten Gesellschaft ist niemals allein das Ideal des Sozialismus und Kommunismus, sondern vielmehr der Umstand, daß dies die Grundlage dafür ist, daß jedes Mitglied der Gesellschaft die Möglichkeit erhält, nach seinen Fähigkeiten zu arbeiten und diese Fähigkeiten in allen Sphären der gesellschaftlichen, wissenschaftlichen, kulturellen und künstlerischen Tätigkeit zu entwickeln. In diesem Sinne ist der höchstmögliche Nutzeffekt der produktiven Arbeit geradezu die Voraussetzung für die Entfaltung der unproduktiven – wissenschaftlichen, kulturellen und künstlerischen – Tätigkeit aller Mitglieder der Gesellschaft. Wenn MARX in seinen „Theorien über den Mehrwert" einmal schrieb, daß die „produktiven Arbeiter die materielle Basis der Erhaltung und daher der Existenz der unproduktiven Arbeit schaffen", dann gilt das – wie für jede Gesellschaftsordnung – auch für den Sozialismus und Kommunismus.

MARX entdeckte das allgemeine Gesetz von der Ökonomie der Zeit, und ich habe versucht zu zeigen, welche Forderungen sich daraus für uns bei der Lösung praktischer gegenwärtiger Aufgaben ergeben. „Je weniger Zeit die Gesellschaft bedarf, um Weizen, Vieh usw. zu produzieren, desto mehr Zeit gewinnt sie zu anderer Produktion, materieller oder geistiger", schrieb Marx. „Wie bei einem einzelnen Individuum, hängt die Allseitigkeit ihrer Entwicklung ihres Genusses und ihrer Tätigkeit von Zeitersparung ab."[24] In seinem ökonomischen Hauptwerk „Das Kapital" hob Marx hervor, daß der wirkliche

Reichtum der Gesellschaft von der Produktivität ihrer Arbeit abhänge. Ich will meine Ausführungen mit einem Zitat aus dem ökonomischen Hauptwerk von MARX schließen, daß nicht nur auf die materielle Grundlage der klassenlosen Gesellschaft des Kommunismus hinweist, sondern auch ihren hohen humanistischen Gehalt zum Ausdruck bringt:

„Das Reich der Freiheit beginnt in der Tat erst da, wo das Arbeiten, das durch Not und äußere Zweckmäßigkeit bestimmt ist, aufhört: es liegt also der Natur der Sache nach jenseits der Sphäre der eigentlichen materiellen Produktion. Wie der Wilde mit der Natur ringen muß, um seine Bedürfnisse zu befriedigen, um sein Leben zu erhalten und zu reproduzieren, so muß es der Zivilisierte, und er muß es in allen Gesellschaftsformen und unter allen möglichen Produktionsweisen. Mit seiner Entwicklung erweitert sich dies Reich der Naturnotwendigkeit, weil die Bedürfnisse; aber zugleich erweitern sich die Produktivkräfte, die diese befriedigen. Die Freiheit in diesem Gebiet kann nur darin bestehn, daß der vergesellschaftete Mensch, die assoziierten Produzenten, diesen ihren Stoffwechsel mit der Natur rationell regeln, unter ihre gemeinschaftliche Kontrolle bringen, statt von ihm als von einer blinden Macht beherrscht zu werden; ihn mit dem geringsten Kraftaufwand und unter den, ihrer menschlichen Natur würdigsten und adäquatesten Bedingungen vollziehn."[25]

Das, Herr Präsident, meine Damen und Herren, wollte ich Ihnen zu dem von mir gewählten Thema und zu Ehren von Karl Marx vortragen, und ich darf wohl die Hoffnung aussprechen, daß ich nicht durch die Länge meiner Ausführungen das von Karl Marx entdeckte Gesetz der Ökonomie der Zeit selbst verletzt habe!

Anmerkungen

1. *K. Marx*, Grundrisse der politischen Ökonomie, Berlin 1953, S. 89.
2. „In jeder sozialistischen Revolution tritt ... die Grundaufgabe der Schaffung einer Gesellschaftsformation in den Vordergrund, die höher ist als der Kapitalismus, nämlich: die Aufgabe der Hebung der Produktivität Arbeit ..." *W. I. Lenin*, Ausgewählte Werke in 2 Bänden, Bd. 2, Moskau 1947, S. 374. Ebenso: „Die Arbeitsproduktivität ist in letzter Instanz das Allerwichtigste, das Ausschlaggebende für den Sieg der neuen Gesellschaftsordnung." ebd., S. 576.
3. Vgl. hierzu den interessanten Aufsatz von *J. Kulew*, Der technische Fortschritt und einige Fragen der Volkswirtschaftsplanung, Sowjetwissenschaft, Gesellschaftswissenschaftliche Beiträge, Jg. 1960, Heft 2, S. 163ff.
4. Beschluß des V. Parteitages der SED, Berlin 1958, S. 32.
5. „Die Kompliziertheit und die Größe der Aufgaben besteht darin, daß das vorgesehene Wachstum der Industrieproduktion ausschließlich durch die Steigerung der Arbeitsproduktivität erreicht werden muß." *Walter Ulbricht* vor der Volkskammer der DDR, Neues Deutschland, vom 1. 10. 1959, Sonderbeilage, S. 3.
6. Vgl. Wirtschaftswissenschaft, Jg. 1959, Heft 7, S. 1011 und Einheit, Jg. 1960, Heft 1, S. 54.
7. Neues Deutschland, Nr. 340, 10. 12. 1959, S. 3.
8. Ebd.
9. *K. Marx*, a. a. O., S. 89.
10. Zum Begriff der gesellschaftlichen Arbeit und den Merkmalen der produktiven und der unproduktiven Arbeit vgl. vom Verfasser: „Zu einigen Fragen der produktiven Arbeit und der Arbeitsproduktivität", Sitzungsberichte der Deutschen Akademie der Wissenschaften zu Berlin, Klasse für Philosophie, Geschichte, Staats-, Rechts- und Wirtschaftswissenschaften, Jg. 1959, Nr. 7.
11. „Produktivkraft ist natürlich stets Produktivkraft nützlicher, konkreter Arbeit, und bestimmt in der Tat nur den Wirkungsgrad zweckmäßiger produktiver Tätigkeit in gegebenem Zeitraum." *K. Marx*, Das Kapital, Bd. I, S. 51.
12. Vgl. *K. Marx*, Das Kapital, Bd. I, S. 51.
13. *K. Marx*, Das Kapital, Bd. I, S. 468.
14. *K. Marx*, Das Kapital, Bd. III, S. 290.

15. Vgl. z. B. *W. Krassowski*, Ökonomische Probleme der Automatisierung, Sowjetwissenschaft, Gesellschaftswissenschaftliche Beiträge, Jg. 1960, Heft 2, S. 153ff. und *J. Kronrod*, Einige Besonderheiten der sozialistischen Reproduktion in der gegenwärtigen Etappe, a. a. O., Heft 3, S. 325.
16. Marx-Engels-Gesamtausgabe, Moskau 1935, Bd. IV, S. 61.
17. Beilage zur Tribüne, Nr. 229, 3. 10. 1959, S. 2.
18. Vgl. Lehrbuch der Politischen Ökonomie, 3. Aufl., Berlin 1959, S. 561/62.
19. Zur Kritik der Messung der Arbeitsproduktivität auf der Grundlage der Bruttoproduktion zu unveränderlichen Preisen, vgl. *Fritz Behrens*, Die Messung der Arbeitsproduktivität, Berlin 1953, S. 56ff.; *Gerhard Richter*, Grundfragen der Arbeitsproduktivität und ihrer Messung, Berlin 1956, S. 58ff., dazu: Die Arbeitsproduktivität in Theorie und Praxis, Berlin 1958, S. 137ff., sowie die in diesen Schriften angegebene Literatur.
Die Zeitsummenmethode geht von der Erfassung des zur Herstellung einer Produktionseinheit erforderlichen Zeitaufwandes aus und kennzeichnet das Niveau und die Entwicklung der Arbeitsproduktivität, d. h. den Nutzeffekt der konkreten Arbeit, in einer bestimmten Zeit eine bestimmte Menge Gebrauchswerte herzustellen. Sie weist die erzielten Einsparungen an lebendiger Arbeit aus, und zwar sowohl für jede Produktionseinheit (Erzeugnisse, Baugruppen, Erzeugnisstufe, Arbeitsgang usw.) als auch – bei entsprechender Zusammenfassung – für den ganzen Zweig oder die ganze Volkswirtschaft. Die Zeitsummenmethode zur Messung der Arbeitsproduktivität beruht auf der Überlegung, daß der Zeitsummenindex erstens nicht auf Veränderungen im Produktionssortiment reagiert und zweitens gestattet, Veränderungen in den Kooperationsbeziehungen leicht auszuschalten. Vor allem aber wird er nicht dadurch beeinflußt, daß die Preise nicht dem Arbeitsaufwand entsprechen, weil er auf der effektiven Verwendung des Aufwandes an lebendiger Arbeit beruht. Hierzu kommt, daß der Zeitsummenindex auf die kleinsten Produzentenkollektive aufgegliedert werden kann. „Auch dort, wo eine wertmäßige Aufgliederung nicht möglich ist, kann die Entwicklung der Arbeitsproduktivität mit Hilfe der Zeitsummenmethode kontrolliert werden", schreibt Gerhard Richter richtig. „Die Zeitsummenmethode trägt dazu bei, daß die Aufteilung des Planes auf die kleinste Produktionseinheit auch für die Kennziffern der Arbeitsproduktivität durchgeführt werden kann. Diese Kennziffern der einzelnen Produktionseinheiten lassen sich ohne Schwierigkeiten zum Index der Arbeitsproduktivität für den Gesamtbetrieb zusammenfassen." Schließlich ermöglicht die Zeitsummenmethode eine Analyse der Faktoren, die die Entwicklung der Arbeitsproduktivität bestimmen. (Vgl. hierzu *Gerhard Richter*, Grundfragen der Arbeitsproduktivität und ihre Messung, Berlin 1956, S. 90.)

20. Die Ableitung ergibt sich aus

$$\frac{\sum q_n sk_n}{\sum q_0 sk_0} = \frac{\sum q_n sk_n}{\sum q_n sk_0} \cdot \frac{\sum q_n sk_0}{\sum q_0 sk_0}$$

$$\frac{\sum q_n sk_n}{\sum q_n sk_0} = \frac{\sum q_n sk_n}{\sum q_0 sk_0} : \frac{\sum q_n sk_0}{\sum q_0 sk_0}$$

$$= \frac{Sk_n}{Sk_0} : \frac{\sum q_n sk_0}{\sum q_0 sk_0},$$

wenn wir für $\frac{\sum q_n sk_0}{\sum q_0 sk_0}$ einsetzen

$$\frac{\sum q_n t_0}{\sum q_0 t_0}.$$

Wir können den Index der Selbstkosten auch direkt aus dem Index der Arbeitsproduktivität ableiten:

$$\frac{\frac{Sk_n}{Sk_0} : \frac{T_n}{T_0}}{\frac{\sum q_n t_0}{\sum q_n t_n}} = \frac{Sk_n T_0}{Sk_0 \sum q_n t_0}$$

21. *Fritz Behrens*, Der Doppelcharakter der Arbeit und die Steigerung der Arbeitsproduktivität, Wirtschaftswissenschaft, Jg. 1959, Heft 8, S. 1195ff.
22. Vgl. ebd., S. 1196.
23. *Erich Apel*, Sozialistische Rekonstruktion – Hauptkettenglied zur Lösung der Aufgaben des Siebenjahrplanes, Neues Deutschland, Nr. 145, 29. 5. 1959, S. 3.
24. *K. Marx*, Grundrisse der politischen Ökonomie, S. 89.
25. *K. Marx*, Das Kapital, Bd. III, S. 873.

MIX

Papier | Fördert gute Waldnutzung

FSC® C083411

Kolibri 360 GmbH
Ferdinand-Jühlke-Straße 7
99095 Erfurt, Deutschland
produktsicherheit@kolibri360.de